HET ISHIKAWA-DIAGRAM VOOR RISICOBEHEER

BELANGRIJKE INFORMATIE

- **Namen:** Ishikawa-diagram, visgraatdiagram, oorzaak-gevolgdiagram, Fishikawa, de 5 M'en

- **Toepassingen:** het Ishikawa-diagram identificeert de oorzaken en gevolgen van een probleem. Het kan ook worden gebruikt als analytisch hulpmiddel bij projectbeheer (met name bij risicobeheer) en kwaliteitscontrole.

- **Waarom is het succesvol?** Dit instrument voorkomt dat gebruikers sommige oorzaken van een probleem over het hoofd zien en biedt de nodige elementen voor de bestudering van mogelijke oplossingen. Dit diagram wordt beschouwd als een instrument voor kwaliteitsbeheer.

- **Trefwoorden:**

  - <u>Benadering</u>: methode; manier van redeneren

  - <u>Brainstorming</u>: een originele onderzoekstechniek gebaseerd op vrije associaties van alle leden van een groep

  - <u>Oorzaak</u>: de reden voor iets; datgene wat het veroorzaakt of ervoor verantwoordelijk is

HET ISHIKAWA-DIAGRAM VOOR RISICOBEHEER

Anticiperen op en oplossen van problemen binnen het bedrijf

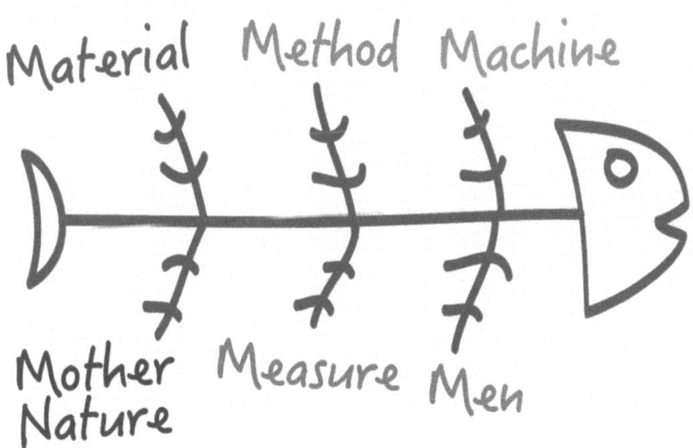

HET ISHIKAWA-DIAGRAM VOOR RISICOBEHEER

Anticiperen op en oplossen van problemen binnen het bedrijf

geschreven door Ariane de Saeger
vertaald door Nikki Claes

- Effect: resultaat of gevolg

- Marktaandeel: het percentage van de omzet van de onderneming ten opzichte van de totale omzet in de sector

- Probleem: een kwestie of vraag waarover gediscussieerd kan worden en die een oplossing vereist

- Oplossing: een antwoord op een probleem of vraag

INLEIDING

Geschiedenis

Het Ishikawa-diagram werd uitgevonden door Kaoru Ishikawa (1915 – 1989), een Japanse professor en scheikundig ingenieur aan de Universiteit van Tokio. Als bekend expert en pionier op het gebied van kwaliteitsmanagementtheorieën gebruikte hij dit diagram voor het eerst in 1943 om een groep ingenieurs in een staalbedrijf uit te leggen hoe een probleem te begrijpen op basis van een zo volledig mogelijke totaalanalyse van complexe factoren.

Definitie van het model

Het Ishikawa-diagram is een door bedrijven gebruikt grafisch hulpmiddel dat een overzicht biedt van de oorzaken en gevolgen van een probleem. Door de oorzaken te rangschikken, kunnen de bronnen van het probleem nauwkeurig worden geïdentificeerd.

THEORIE

Hoewel het Ishikawa-diagram in het bedrijfsleven vooral wordt gebruikt als instrument voor kwaliteits- of projectbeheer, leent het zich ook bijzonder goed voor risicobeheer. Met het diagram kunnen namelijk niet alleen problemen worden opgelost, maar kan er ook op worden geanticipeerd. Wanneer een bedrijf bijvoorbeeld een project wil opzetten, onderzoekt het de aspecten die in aanmerking kunnen komen als het project mislukt. Door de verschillende elementen te beoordelen die het project kunnen doen mislukken, weet het bedrijf precies waar het zijn aandacht op moet richten om te voorkomen dat het probleem zich daadwerkelijk voordoet.

HET DOEL VAN HET ISHIKAWA-DIAGRAM

De Ishikawa-methode is een bedrijfsplanningsinstrument dat een visuele en gestructureerde analyse van de oorzaken en gevolgen van een specifiek probleem beoogt.

VERONDERSTELLINGEN

Het Ishikawa-model is gebaseerd op twee veronderstellingen:

- er is een beperkt aantal primaire en secundaire oorzaken voor elk probleem

- het onderscheiden van deze twee soorten oorzaken is de eerste stap naar het oplossen van het probleem

ONDERDELEN VAN HET MODEL

Professor Ishikawa categoriseert de verschillende oorzaken van een probleem in vijf groepen, de zogenaamde 5 M'en.

- **Materiaal:** hiermee wordt alles bedoeld wat door het project kan worden verbruikt of gebruikt, zoals grondstoffen, papier, water, elektriciteit, …

- **Methode:** dit omvat de bestaande procedures, de informatiestroom, onderzoek en ontwikkeling, werkwijzen, …

- **Moeder Natuur:** dit komt overeen met de omgeving en de context, die van invloed kunnen zijn op het project (werkplek, groenvoorzieningen, …)

- **Machine:** dit betreft de noodzakelijke uitrusting voor het project. Het omvat bijvoorbeeld gebouwen, reserveonderdelen, uitrusting, hardware, software, technologie, machines of installaties. Voor deze categorie zijn over het algemeen investeringen nodig

- **Mankracht:** dit betreft de personeelsmiddelen die bij het project betrokken zijn en de kwalificaties van het personeel

Elke categorie kan andere oorzaken of categorieën van oorzaken omvatten, afhankelijk van het gewenste detailniveau.

VAN 5 M'EN TOT 7 OF 8 M'EN

Hoewel het diagram aanvankelijk beperkt was tot 5 M'en, is het nu door sommigen uitgebreid tot 7 of 8 M'en, afhankelijk van de situatie. Het doel zelf blijft ongewijzigd (met andere woorden, het maakt nog steeds een concrete, overkoepelende en uitputtende visualisatie mogelijk van de oorzaken van een probleem dat als een prioriteit moet worden behandeld) en, wat het belangrijkst is, het maakt het mogelijk de meest doeltreffende oplossing te bepalen.

De volgende factoren kunnen worden toegevoegd aan de oorspronkelijke 5 M'en:

- **Meting:** dit komt overeen met alles wat gekwantificeerd kan worden om tot een resultaat te komen

- **Management:** dit is een methode van toezicht, leiderschapsstijl, …

- **Onderhoud:** budgetten, kosten, inkomsten, … die onvermijdelijk gevolgen zullen hebben voor alle andere M'en

VOORDELEN

Het Ishikawa-diagram biedt vele voordelen, omdat het de gebruikers in staat stelt

- alle oorzaken van een probleem classificeren;

- een relatief groot probleem op te lossen;

- alle teamleden aan te moedigen om deel te nemen aan de analyse en zo een dynamiek van projectbeheer creëren;

- te voorkomen dat oorzaken over het hoofd worden gezien door in een groep te werken;

- vaststellen op welke gebieden nader onderzoek nodig is, waar soms informatie ontbreekt;

- een probleem analyseren, ongeacht het gebied of de sector waarin het wordt ervaren;

- elementen aanreiken om een passende oplossing voor het probleem te ontwikkelen;

- een overzicht geven van de keten van oorzaak en gevolg.

Dit type participatief instrument biedt een relatief breed gezichts- en reflectieveld dat gebruikers in staat stelt al te simplistische waarnemingen te overstijgen wanneer zich een probleem voordoet. Het verruimt het blikveld van de mogelijke oorzaken van het (potentiële) probleem en identificeert tegelijkertijd oplossingen en interventies om een specifiek probleem te voorkomen of op te lossen.

BEPERKINGEN EN UITBREIDINGEN

BEPERKINGEN EN KRITIEK

- Ondanks zijn vele voordelen is het Ishikawa-diagram niet bijzonder nuttig voor uiterst complexe problemen waarbij de oorzaken talrijk zijn en de problemen onderling samenhangen. Het zijn echter vaak die onderlinge verbanden die ten grondslag liggen aan een huidig of potentieel probleem.

- Een tweede punt van kritiek op het model is de rangschikking van de oorzaken. Die wordt uitgevoerd op basis van de ervaring van de werkgroep, terwijl ze niet gebaseerd is op een statistische analyse van het probleem dat zich eerder heeft voorgedaan. De rangschikking kan dus per groep verschillen, afhankelijk van hun subjectieve standpunten, en minder relevant en succesvol zijn dan strikt statistische gegevens.

In het algemeen is het raadzaam de Ishikawa-methode te gebruiken in combinatie met een andere methode om de objectiviteit en de relevantie van de analyse te waarborgen.

VERWANTE MODELLEN EN UITBREIDINGEN

Verschillende instrumenten kunnen worden gebruikt om het denken over hetzelfde probleem te verbreden.

De 5 waaroms

De *5 Whys-methode*, voor het eerst ontwikkeld en toegepast in het Japanse automobielbedrijf Toyota, heeft tot doel de hoofdoorzaken van een probleem te onderzoeken.

De methode is eenvoudig, maar zeer doeltreffend: het gaat erom vijf keer de vraag "Waarom?" te stellen om de ware bron van het probleem te achterhalen. Na het identificeren van de oppervlakteoorzaak kan de werkgroep dus op zoek gaan naar de verschillende hoofdoorzaken van het probleem door "Waarom?" te vragen. De oorzaken komen meestal naar voren na de tweede of derde vraag. Meestal liggen organisatorische oorzaken aan de basis van het probleem. Het is belangrijk niet te overhaasten en de verschillende niveaus nauwkeurig te bekijken, om te voorkomen dat belangrijke elementen over het hoofd worden gezien. Deze methode lijkt grotendeels op het Ishikawa-diagram.

Het Paretodiagram

Deze grafiek, of liever histogram, is een instrument voor gegevensanalyse waarmee gebruikers het voorkomen van problemen kunnen visualiseren als een percentage in aflopende volgorde. Dit maakt de prioriteit duidelijker, aangezien de besluitvormer weet aan welk element hij aandacht moet besteden. Dit is een basissysteem dat het gemakkelijker maakt de omvang van een probleem te visualiseren.

Het efficiëntieraster

Het efficiëntieraster is een grafiek die de verschillende mogelijke oplossingen weergeeft. Terwijl andere hulpmiddelen het denkveld over de oorsprong van het probleem uitbreiden, maakt het efficiëntieraster een meer wiskundige benadering mogelijk en vergelijkt het zowel de doeltreffendheid als de kosten van de oplossing. Zodra het raster is ingevuld, kiest de gebruiker logischerwijs de oplossing die het meest doeltreffend blijkt te zijn tegen de laagste kosten (efficiëntie), waarbij ook de haalbaarheid in aanmerking wordt genomen. Indien het team om de een of andere reden niet voor deze oplossing kiest, zal het zijn keuze moeten rechtvaardigen door de doelstellingen aan te geven die gerangschikt en specifiek voor het project overwogen zijn.

De x-as geeft de kosten weer en de y-as de efficiëntie.

De potentiële oplossingen moeten op basis van hun kosten en doeltreffendheid in het raster worden geplaatst. Het is belangrijk enkele basisideeën over de kosten-batenanalyse in gedachten te houden:

- De doeltreffendheid wordt gemeten aan de hand van één enkel, vooraf bepaald resultaat.

- De totale kosten van elke oplossing moeten worden gemeten.

- Het is een instrument voor de evaluatie van een project of programma, waarbij de doelstelling kan worden teruggebracht tot één resultaat.

- Deze analyse kan voor, tijdens en na een project worden gebruikt.

Met deze factoren in gedachten wordt de voordeligste oplossing (de meest effectieve voor de laagste kosten) duidelijk.

De CARRTDAF-methode

Net als het efficiëntieraster is de CARRTDAF-methode meer gericht op het vinden van oplossingen dan op de oorzaken van het probleem. Het blijft echter een interessant en aanvullend instrument voor het Ishikawa-diagram.

Het succes van deze methode hangt af van een aantal factoren, waaronder de actieve deelname van de werkgroep en de diversiteit van de beroepen en vaardigheden van de deelnemers. De te volgen procedure voor de toepassing van dit instrument is ingewikkelder dan die voor het Ishikawa-diagram en de eerder geschetste aanvullende methoden.

Conclusie

Het is duidelijk dat de verschillende modellen met elkaar verband houden en dat de analyse van een probleem, de oorzaken en de oplossingen ervan hand in hand gaan. Het is zeker moeilijk om het Ishikawa-diagram als een geïsoleerd instrument te beschouwen, aangezien de analyse van de oorzaken niet kan plaatsvinden zonder een grondige analyse van het probleem en de oplossingen. In ieder geval maakt de manager deel uit van een continu proces en gebruikt hij zoveel mogelijk methodologische instrumenten om een bepaald probleem met zijn werkgroep op te lossen, totdat hij ervan overtuigd is dat hij mogelijke werkbare oplossingen heeft gevonden.

PRAKTISCHE TOEPASSING

ADVIES EN BESTE PRAKTIJKEN

Stappen voor de constructie van het diagram

Het Ishikawa-diagram wordt geleidelijk opgebouwd door de verschillende werkfasen die nodig zijn om na te denken en een bruikbare grafische voorstelling van het probleem te maken. Concreet moeten de gebruikers de volgende richtlijnen volgen:

- **Definieer duidelijk het probleem** en teken vervolgens een horizontale pijl die naar het probleem, het ongeval of het effect wijst.

- **Maak een inventaris van mogelijke oorzaken** (bijvoorbeeld door te brainstormen) en werk samen met competente mensen en deskundigen op het gebied van het probleem.

- **Verzamel de brainstormgegevens.**

- **Verdeel de ideeën in groepen (5-8 M'en)**, maar besef dat niet alle M'en noodzakelijk van toepassing zijn op elke sector. Bedenk dat de Ishikawa-methode moet worden aangepast aan het onderwerp, de context en het probleem. Met deze stap kunnen de secundaire pijlen worden getekend die aan de horizontale hoofdpijl moeten worden gekoppeld. Elk van deze pijlen vertegenwoordigt een van de groepen potentiële oorzaken.

- **Zoek voor elke tak naar de hoofdoorzaken van het probleem** die nog niet zijn geïdentificeerd. Na deze stap is het mogelijk kleinere pijlen te trekken die overeenkomen met de oorzaken van de verschillende groepen.

- **Beoordeel de prioritaire oorzaken** en weeg elke oorzaak af om de belangrijkste maatregelen te bepalen en deze te rangschikken.

- **Kies de oorzaken waarop je actie wil ondernemen**, zodra het diagram is voltooid, afhankelijk van de prioriteit die zij hebben gekregen. De potentiële oorzaken en secundaire oorzaken worden dan in twee groepen verdeeld.

- **Voer plossingen en corrigerende maatregelen in.** Deze stap kan overeenkomen met een testfase of een fase van uitvoering van de oplossing.

Zo worden alle elementen samengevoegd, waardoor de projectleider de *fishbones* kan visualiseren en de werkgroepen kan organiseren naargelang de te testen oplossingen. Voor elke M wordt een "bot" aan het diagram toegevoegd, zoals hieronder weergegeven.

Te vermijden valkuilen

De moeilijkheid van het Ishikawa-diagram komt niet zozeer voort uit de stapsgewijze methodologie ervan, waardoor het eigenlijk gemakkelijker te tekenen is, maar uit de verwaarlozing van bepaalde sleutelelementen:

- **Het belang van teamwerk:** dit ligt ten grondslag aan alle denkwerk tijdens en na de constructie van het schema. Zonder een brede reflectie, een team met uiteenlopende vaardigheden, een groepsmentaliteit of een actieve en dynamische collectieve deelname (zoeken naar oplossingen, consensus over prioriteiten, ...) zullen de oorzaken van het probleem niet grondig worden geanalyseerd en zal de meest voor de hand liggende oplossing wellicht niet in overweging worden genomen.

- **Het gebruik van het instrument:** hoewel het Ishikawa-diagram wordt beschouwd als een instrument voor kwaliteitsbeheer, mag het niet tot dit doel worden beperkt. Bij de voorbereiding van een project kan het worden gebruikt voor een contextuele analyse en/of voor de analyse van potentiële risico's, een aspect waarmee tegenwoordig in het bedrijfsleven steeds meer rekening wordt gehouden. Bovendien zou het jammer zijn het alleen te beschouwen als een instrument om de oorzaken van een probleem te vinden, want het kan ook worden gebruikt om de oorzaken van succes te analyseren.

- **De aard van brainstorming:** het is raadzaam om met alle leden van het team standpunten uit te wisselen om alle aspecten (oorzaken en gevolgen) van het probleem aan de orde te stellen, waarbij ieder zijn persoonlijke mening over de kwestie kan geven.

- **Respect voor het proces:** het is belangrijk de oorzaken geleidelijk te rangschikken, naar gelang hun belang in relatie tot het probleem. Het Ishikawa-diagram is immers vooral gebaseerd op het stellen van vragen en het bedenken van onderling samenhangende ideeën over het bestudeerde probleem.

- **De mate van toepasbaarheid:** hoewel de Ishikawa-methode oorspronkelijk bedoeld was voor ingenieurs en in het algemeen gericht was op het bedrijfsleven, zou zij ook van toepassing moeten zijn op alle (openbare en particuliere) sectoren, zoals ziekenhuizen. De terminologie en de met dit instrument bestudeerde factoren moeten derhalve worden aangepast aan de sector waarin de analyse wordt toegepast.

Aanbevelingen

Het Ishikawa-diagram wordt besproken in vele naslagwerken die een verscheidenheid aan relevante adviezen geven over de juiste toepassing van dit instrument. Hieronder volgen enkele van de belangrijkste adviezen uit de literatuur:

- **Wees methodisch:** hoewel het Ishikawa-diagram een zeer interessant en doeltreffend instrument is, is het toch belangrijk om te voorkomen dat men de kantjes ervan afloopt en dat men zoekt naar oorzaken vóór oplossingen.

- **Let op:** tijdens de discussie kunnen nieuwe oorzaken worden vastgesteld. In deze brainstormfase mag niets worden veronachtzaamd om creativiteit, openheid en suggesties van de groep aan te moedigen.

- **Wees nauwgezet:** als de oorzaken te talrijk zijn en tot een te ingewikkeld schema leiden, is het beter om het tak voor tak op te bouwen.

- **Wees pragmatisch:** de terminologie van dit instrument moet worden aangepast aan de sector waarop het wordt toegepast.

- **Wees grondig:** het schema mag zich niet beperken tot de negatieve oorzaken, maar moet ook de positieve oorzaken analyseren.

- **Wees nauwkeurig:** controleer of de vastgestelde oorzaken daadwerkelijk leiden tot het in de praktijk waargenomen effect.

PRAKTIJKVOORBEELD

Het Ishikawa-diagram maakt een eenvoudige en gestructureerde analyse van een probleem mogelijk door de oorzaken en gevolgen ervan vast te stellen. Neem het voorbeeld van een supermarkt in Genève die kampt met een zeer slechte klanttevredenheid en ga uit van de volgende stellingen:

- De supermarkt is een bekende winkel die een even groot marktaandeel heeft als de andere supermarkten in Genève.

- Het bedrijf streeft naar een jaarlijkse klanttevredenheid van 80%.

- De marketingafdeling besluit een tevredenheidsonderzoek uit te voeren om meer te weten te komen over de perceptie van de aan de klanten aangeboden diensten.

- De enquête is vrij kort, met één vraag per onderwerp, namelijk "Bent u tevreden over...?", die moet worden beantwoord volgens een tevredenheidsschaal van 0-5 (waarbij 0 staat voor totale ontevredenheid en 5 voor volledige tevredenheid). De onderwerpen omvatten de kwaliteit van het personeel, de kwaliteit van de producten, de infrastructuur, de locatie van de supermarkt, ...

Merk op dat een meer gedetailleerd tevredenheidsonderzoek het team had kunnen helpen om de echte oorzaken van de algemene ontevredenheid beter te begrijpen. Maar omdat klanten er over het algemeen weinig tijd aan besteden, geven onderzoekers er vaak de voorkeur aan hen een korte vragenlijst aan te bieden.

Het ondervonden probleem

Nadat bijna 500 klanten van tien verschillende winkels waren ondervraagd, bleek uit de optelling van de resultaten dat de klantentevredenheid laag was: slechts 20%.

Toepassing van het model

Om concrete actie te ondernemen, besluit het marketingteam de oorzaken van het probleem te analyseren alvorens een oplossing of zelfs een actieplan te bedenken.

De manager van de marketingafdeling wil een werkgroep oprichten bestaande uit leden van verschillende afdelingen met uiteenlopende vaardigheden en langdurige ervaring. Daartoe neemt de manager contact op met elke afdeling (communicatie, financiën, product, logistiek, ...) om tijdens de brainstormfase een breder beeld te krijgen van de onderliggende oorzaken. Zodra de leden zijn geselecteerd, legt de manager hen uit dat het onderwerp van de volgende werkvergadering het identificeren van de onderliggende oorzaken is van de zorgwekkende resultaten van het klantenonderzoek: een tevredenheidspercentage van 20%, dat ver verwijderd is van de aanvankelijk vastgestelde jaarlijkse doelstelling van 80%. Zo kan de manager de deelnemers vragen vooraf op te schrijven wat volgens hen de (primaire en secundaire) oorzaken van dit probleem zijn.

- **Eerste bijeenkomst:** tijdens de eerste brainstormsessie wordt geanimeerd gediscussieerd en worden ideeën uitgewisseld. De groepsleider van de werksessie geeft een lijst van alle geïdentificeerde oorzaken volgens de vijf grote categorieën van oorzaken die Ishikawa voorstelt: materiaal, methode, moeder natuur, machine en mankracht. De oorzaken die verband houden met het budgettaire aspect, dat wil zeggen de financiële middelen, zijn in dit geval aanzienlijk, gezien de bedrijfsomgeving. In een situatie van economische crisis, bijvoorbeeld, kan de kwaliteit van de dienstverlening afnemen als het personeelsbestand wordt ingekrompen, waardoor de klantentevredenheid afneemt. De bijdrage van de groepsleider hangt natuurlijk af van de groepsdynamiek en hij zal meer of minder deelnemen afhankelijk van de situatie. In ieder geval zal hij de deelnemers vragen de vastgestelde oorzaken in volgorde van prioriteit te rangschikken, zonder ideeën over de oorsprong van het probleem weg te laten, ook al zijn die voor de manager moeilijk te horen.

- **Neem een stap terug:** na de eerste stap is het altijd een goed idee om de deelnemers een moment te geven om een stap terug te doen, zodat ze elementen die eerder tijdens de eerste brainstormsessie waren weggelaten, opnieuw kunnen bekijken. Ondertussen geeft dit de manager de tijd om de verschillende door de groep geopperde ideeën te reorganiseren, nieuwe vragen te stellen, de besproken oorzaken op de kaart te plaatsen en de categorieën van onaangeroerde oorzaken te observeren. Vanaf dat moment zullen ze profiteren van een algemeen overzicht en een duidelijkere visie, waardoor ze duidelijk kunnen voorspellen welke oorzaken prioriteit hebben en grondig moeten worden geanalyseerd.

- **Tweede bijeenkomst:** in deze tweede werkvergadering moeten het probleem en de oorzaken worden samengevat om de hoofdoorzaak(en) vast te stellen. De werkgroep zal vervolgens nadenken over de in hun respectieve afdelingen uit te voeren acties om de hoofdoorzaak(en) van het ontevredenheidsprobleem te verhelpen.

We kunnen nu het probleem en de door de groep besproken mogelijke oorzaken opnieuw bekijken:

- Moeder natuur: de winkel ligt ver van het centrum.

- Materiaal: de winkel heeft geen afdeling gewijd aan biologische producten.

- Methode: er is te weinig personeel waardoor rijen bij de kassa ontstaan, de openingstijden van de winkel zijn inflexibel en de telefonische klantenservice is inefficiënt.

- Machine: er zijn vaak problemen bij het gebruik van de zelfkassa's, problemen met elektronische kassa's, ...

- Mankracht: het personeel is onbeleefd en/of incompetent, de klantenservice is inefficiënt en/of onbestaande.

De factoren die ontevredenheid bij de klanten veroorzaken zijn zo talrijk dat het wellicht nuttig was om aan het eind van de tevredenheidsvragenlijst een vakje met suggesties op te nemen, zodat ontevreden klanten vrijuit konden spreken.

Als de als prioritair aangemerkte oorzaak betrekking heeft op onbekwaam personeel (gebrek aan kennis over de door de supermarkt aangeboden producten) en snel en doeltreffend moet worden verholpen, moeten efficiente oplossingen worden overwogen. Te denken valt aan opleidingssessies waarin de verschillende producten uit het door het merk aangeboden assortiment duidelijk worden uitgelegd, of aan de grondbeginselen van de relatie tussen werknemer en klant.

Tussen zes maanden en een jaar na de nodige aanpassingen moet het management eraan denken de resultaten te controleren om te bevestigen dat het uitgevoerde actieplan daadwerkelijk effect heeft gehad. Daartoe kan het marketingteam onder meer een nieuw tevredenheidsonderzoek uitvoeren.

Conclusie

Kwaliteitsbeheer van een probleem kan eenvoudig worden gedaan, mits de aanpak gestructureerd en goed doordacht is. In dit voorbeeld is het onmogelijk te zeggen of het resultaat van het gebruik van de grafiek automatisch positief zal zijn en dat de klanten een jaar later meer of minder tevreden zullen zijn. Cijfers van de financiële afdeling (tevredenheidspercentage, verkoopcijfers, …) zouden immers helpen om de oorzaak nauwkeuriger te bepalen. Indien de verkoop en de klantentevredenheid lager zijn, kan gemakkelijk worden afgeleid dat de productkwaliteit is afgenomen en dat dus aandacht moet worden besteed aan de materialen.

De andere eerder geschetste verwante modellen kunnen de Ishikawa-benadering eveneens aanvullen.

SAMENVATTING

- Het Ishikawa-diagram is een instrument voor kwaliteitsbeheer dat in de jaren veertig is ontwikkeld door de Japanse ingenieur Kaoru Ishikawa.

- Deze methode bevordert de gestructureerde analyse van een probleem door de oorzaken en gevolgen ervan vast te stellen.

- De stappen die leiden tot de oplossing van een probleem zijn:

  - de oorzaken in verband brengen met een enkel gevolg

  - het sorteren van de oorzaken in categorieën (5 of 8 M'en)

  - de oorzaken in volgorde van belangrijkheid rangschikken

  - vaststelling van prioriteiten

  - de meest geschikte oplossing uitvoeren

- Dit is een individuele en collectieve aanpak (bundeling van ideeën), waarbij de essentiële aspecten teamwork, brainstormen en de constructie van het diagram zijn.

- Aangenomen wordt dat de kwaliteit van het uit het schema verkregen resultaat vooral afhangt van de werkgroep (de leden van de groep moeten elkaar aanvullen qua vaardigheden, kennis en ervaring).

- Er zijn andere instrumenten die vergelijkbaar zijn met het Ishikawa-diagram:

  - de 5 Whys

  - het Pareto-diagram

  - het efficiëntienetwerk

  - de CARRTDAF-methode

- Het grondig en duidelijk in kaart brengen van de oorzaken van het probleem draagt bij tot de doeltreffendheid van het instrument.

- Aanbevelingen:

  - werk methodisch door de feiten op te sommen

  - baseer je werk op nauwkeurige en bewezen feiten

  - sla geen stappen over en ontwikkel ze rigoureus

  - gebruik aanvullende instrumenten om ervoor te zorgen dat je aanpak grondig en constructief is

VERDER LEZEN

BIBLIOGRAFIE

Agence Nationale pour la Promotion de l'Innovation et de la Recherche au Luxembourg (2008). *Diagramme d'Ishikawa = diagramme cause-effet.* [Online]. [Geraadpleegd op 15 februari 2017]. Beschikbaar op http://www.innovation.public.lu/fr/innover/gestion-innovation/resolution-probleme/diagrammeishikawa-fr.pdf

Europese Commissie (2014). *L'analyse coût-efficacité.* [Online]. [Geraadpleegd op 22 december 2014]. Beschikbaar via Internet Archive https://web.archive.org/web/201504212 32210/http://ec.europa.eu/europeaid/evaluation/methodology/examples/too_cef_res_fr.pdf

Gillet-Goinard, F. & Seno, B. (2012). *Le grand livre du responsable qualité.* Parijs: Eyrolles.

Ishikawa, K. (1984). *La gestion de la qualité. Handvatten en praktische toepassingen.* Parijs: Dunod.

Le Dico du Marketing. *Definitie. Diagramme de cause à effet de Kaoru Ishikawa.* [Online]. [Geraadpleegd op 12 december 2014]. Beschikbaar op http://www.ledicodumarketing.fr/definitions/Diagramme-de-cause-a-effet-de-Kaoru-Ishikawa.html

Lehu, J.-M. (2012). *L'encyclopédie du marketing.* Parijs: Eyrolles.

Manager GO! (2013). *Comment utiliser le diagramme d'Ishikawa.* [Online]. [Geraadpleegd op 12 december 2014]. Beschikbaar op http://www.manager-go.com/gestion-de-projet/dossiers-methodes/ishikawa-5m

Nachal, L. (2011). La construction d'un diagramme causes-effets. *InfoQualité*. [Online]. [Geraadpleegd op 12 december 2014]. Beschikbaar op http://www.infoqualite. fr/la-construction-dun-diagramme-causes-effets/

Pommeret, B. (2013). *La boîte à outil de l'organisation*. Parijs: Dunod.

AANVULLENDE BRONNEN

Ishikawa, K. (1985). *Wat is Totale Kwaliteitsbeheersing?: De Japanse Manier*. Trans. Lu, D. J. New Jersey: Prentice Hall.

We horen graag van jou! Laat
een reactie achter op jouw online bibliotheek
en deel je favoriete boeken op social media!

MASLOW'S HIERARCHY OF NEEDS
Gain vital insights into how to motivate people
Personal accomplishment
Esteem
Belonging
Security
Physiologic
THE SWOT ANALYSIS
Internal factors
Strengths
Weaknesses
SWOT
Opportunities
Threats
External factors
50MINUTES.com

Master ISBN: 9782808063890
Papier ISBN: 9782808064187
Wettelijk depot: D/2022/12603/63

Digitaal ontwerp: Primento,
de digitale partner van uitgevers.